# DERRIDA
*em 90 minutos*

# FILÓSOFOS
## *em 90 minutos*

. . . . . . . . .

*por Paul Strathern*

# DERRIDA
## *em 90 minutos*

Paul Strathern

*Tradução:*
Cassio Boechat

*Consultoria:*
Danilo Marcondes
*Professor titular do*
*Deptº de Filosofia, PUC-Rio*

Jorge Zahar Editor
Rio de Janeiro

Título original:
*Derrida in 90 minutes*

Tradução autorizada da primeira edição norte-americana publicada em 2000 por Ivan R. Dee, de Chicago, EUA


Jorge Zahar Editor Ltda.
rua México 31 sobreloja
20031-144 Rio de Janeiro, RJ
tel.: (21) 2240-0226 / fax: (21) 2262-5123
e-mail: jze@zahar.com.br
site: www.zahar.com.br



Projeto gráfico: Ana Paula Tavares
Ilustração: Lula

CIP-Brasil. Catalogação-na-fonte
Sindicato Nacional dos Editores de Livros, RJ.

Strathern, Paul, 1940-
S891d Derrida em 90 minutos / Paul Strathern; tradução, Cassio Boechat; consultoria, Danilo Marcondes. — Rio de Janeiro: Jorge Zahar Ed., 2002
(Filósofos em 90 minutos)

Tradução de: Derrida in 90 minutes
ISBN 85-7110-651-7

1. Derrida, Jacques, 1930-. 2. Filosofia francesa. I. Título. II. Série.

CDD 194
02-0639 CDU 1(44)

# SUMÁRIO

# INTRODUÇÃO E RAÍZES DE SUAS IDÉIAS

. . . . . . . . . . . .

"Não há nada que eu goste mais do que relembrar e do que a própria Memória", afirmou Jacques Derrida no estudo biográfico por ele feito em 1984 sobre o seu amigo, o filósofo Paul de Man, que havia morrido recentemente. Ainda na mesma época, Derrida confessou: "Eu nunca soube como contar uma história." Essas duas características estão longe de ser contraditórias para o autor. Como ele próprio diz de si mesmo: "É exatamente porque mantém a memória que ele perde a narrativa." A imagem mantém-se "legível". Sua incorporação a uma "história" inevitavelmente borra essa legibilidade, impondo uma interpretação. Até aí, tudo bem. Porém, deparamo-nos com algo espantoso ao descobrir que aquele estudo não contém sequer uma imagem do amigo e, absolutamente, nenhuma memória dele. É desnecessário dizer que não há uma indicação de história sobre ele: isso imporia uma interpretação. Ainda que paradoxal, toda essa suposta biografia é dedicada a uma interpretação do trabalho intelectual de seu amigo. Em suas próprias palavras, Derrida "dialoga obliquamente" com a obra de de Man, interpretando-a de maneira obscura e levando em consideração a "explicação prudente" e "um conjunto de atos performativos" de personalidades como Heidegger, Austin, Hölderlin e Nietzsche.

Assim, qualquer abordagem clara e consensual da obra de Derrida opera sob forte desvantagem. Pior ainda, vai completamente contra a intenção do autor. Portanto, é justo avisar o leitor de que minha tentativa de buscar clareza, nesta descrição da vida e da obra de Derrida, será vista pelo autor em questão como, ao mesmo tempo, desnecessária e desesperançosamente tendenciosa. Derrida é um grande adepto de piadas, trocadilhos e humor. E aqui também temos um contratempo: trata-se, de forma específica, do humor intelectual francês, derivado daquela forma de arte e pensamento da Europa continental conhecida como "absurdo". Diante de uma situação absurda, forasteiros ingênuos, vivendo fora desse território intelectual privilegiado, tendem a rir. Tal ingenuidade exibe um lamentável mal-entendido. O absurdo é uma idéia de extrema seriedade. Assim como o humor de Derrida. Não há razão para rir. Não há a menor graça (a não ser para os intelectuais franceses). Tal humor não é feito para gargalhadas. Derrida pode até compartilhar uma certa formação judaica com Woody Allen, mas nem com muito esforço de imaginação eles compartilham um mesmo senso de humor. Agora, se o hipocondríaco de Manhattan ou o grande intelectual parisiense derrama mais luz sobre a nossa variada humanidade — em outras palavras, é mais "sério" — já é outra história.

# VIDA E OBRA

Central para a filosofia "desconstrucionista" de Derrida é a sua insistência de que "não há nada fora do texto". Apesar disso, e não importando a forma textual, o *fato* de Jacques Derrida ter nascido na Argélia, em 1930, parece imune à investida da desconstrução. Sua família era de judeus pequeno-burgueses "assimilados", ao mesmo tempo parte da classe colonial francesa e forasteiros dentro dela. Cresceu na capital, a cidade litorânea de Argel. Ali, europeus levavam a vida fácil e vazia do Mediterrâneo, circulando entre os negócios, os cafés e a praia — vida essa tão vigorosamente evocada pelo escritor e filósofo franco-argelino Albert Camus, em *O estrangeiro*. Derrida viveu na rua Saint-Augustin, fato que desempenharia um papel relevante, ainda que, de certa forma acidental, em sua autobiografia de 1991. Chamou isso de *Circonfissão*, com o título implicando dois assuntos principais: circuncisão e confissão. Embora, até o fim da obra, fiquemos sem conhecer mais detalhes sobre qualquer um dos dois. A certa altura, aparentemente se referindo a si mesmo, Derrida escreve: "ele circuncidou a si próprio; a 'lira' numa das mãos, a faca na outra". Algumas páginas depois, continua: "A circuncisão continua a ser a ameaça do que está me fazendo escrever aqui." O elemento confessional é igualmente obscurecido. Em certo ponto, ao falar de sua mãe, ele escreve ao leitor: "Eu mentia para ela o tempo todo, assim como faço para todos vocês." Segue-se, então, uma longa citação em latim, das *Confissões*, de Santo Agostinho. A "circonfissão" de Derrida possui várias citações, em latim, de Santo Agostinho, com quem ele procura se identificar. Santo Agostinho nasceu, na verdade, no ano de 354 a.C., na antiga colônia romana da Numídia, cujo território hoje faz parte da Argélia. Outras semelhanças com o antigo filósofo cristão e autor de confissões religiosas são mais fugidias. Além de se identificar com santo Agostinho, Derrida também fantasia sobre ele, imaginando o santo cristão "como um judeuzinho homossexual (de Argel ou Nova York)" e até faz referência a sua própria "impossível homossexualidade". Em outra ocasião, afirma: "Eu não conheço santo Agostinho." Tendo apresentado esses elementos, podemos prosseguir para um terreno mais concreto.

Em 1940, quando Derrida tinha apenas dez anos de idade, a Argélia foi arrastada para a Segunda Guerra Mundial. Embora o país nunca tivesse lutado, e sequer tivesse visto um uniforme alemão, a guerra espalhou suas sombras perniciosas sobre a vida na colônia francesa, que agora havia se tornado um protetorado do império nazista. Novamente, Camus captura a atmosfera da época, dessa vez em *A peste*. A França havia sido invadida, e a Argélia francesa era governada pelo regime colaboracionista de Pétain. Em concordância com os decretos nazistas, em 1942 leis raciais foram introduzidas, trazendo à tona o anti-semitismo latente na população européia. Derrida foi informado por um professor na escola: "A cultura francesa não foi feita para judeuzinhos." Era privilégio do melhor aluno hastear a bandeira francesa na escola a cada manhã, mas, no caso de Derrida, o privilégio foi transferido para o segundo melhor da classe. Um sistema de cotas foi introduzido, limitando cada *lycée* (escola de ensino médio) a ter somente 14 por cento de judeus. O diretor da escola de Derrida encarregou-se de reduzir essa cota para sete por cento, e Derrida foi expulso. Nas ruas, tais atitudes descambavam para o insulto verbal e, até mesmo, para a violência.

O efeito de tudo isso num aluno excepcionalmente inteligente e sensível só pode ser imaginado. Igualmente, é de se entender que o homem que emergiu dessa experiência devesse negar o efeito desse passado no seu pensamento maduro. Afinal de contas, sua intenção manifesta era a de interrogar a filosofia, não a si próprio. Conseqüentemente, continuou avesso a nos fornecer detalhes pessoais que estabelecessem uma ligação causal entre sua vida e sua obra. E com certa razão. Deve ser lembrado que o maduro sobrevivente pensou sua filosofia *ainda que* sua vida social e intelectual tivesse sofrido tais tentativas de sabotagem.

Por um tempo, o pré-adolescente Jacques não recebeu educação. Estava matriculado num liceu judeu não-autorizado, mas, secretamente, matava aulas a maior parte do tempo. Tinha consciência de que "pertencia" ao judaísmo, muito embora tivesse crescido agregado à sociedade européia, mas agora não se sentia mais parte dele. Sua experiência traumática conduziu-o a uma total rejeição ao racismo. Nas palavras de seu colaborador Geoffrey Bennington, ele também vivenciou "uma impaciência com a identificação gregária, com a militância de pertencer em geral, mesmo que o grupo fosse judeu".

Com a retomada da educação normal após a guerra, Derrida tornou-se um aluno problemático, bem-sucedido apenas nos gramados. Sonhava em vir a ser jogador de futebol profissional. Esse desejo, provavelmente, não era tão filistino quanto parece. Pouco mais de dez anos antes, Camus jogou no gol pelo Racing Algiers. E foi nessa época que Derrida ouviu no rádio, por acaso inclusive, uma conversa sobre Camus, o que o atraiu para a filosofia. O herói de Derrida era um homem pensador e ativo.

Apesar da rebeldia adolescente, o excepcional intelecto de Derrida não se alterou. Aos dezenove anos, foi enviado a Paris para se preparar para o exame da École Normale Supérieure, estabelecimento de ensino superior mais prestigiado da França. Porém, viver sozinho em meio às ruas frias e cinzentas de Paris revelou-se uma experiência alienadora, longe do mar e do sol de Argel. Derrida mergulhou de cabeça na filosofia existencialista niilista de Sartre, que era a grande sensação nos cafés à margem esquerda do Sena, freqüentados por estudantes. Sartre pregava a "existência antes da essência". Dizia não haver nada como uma humanidade essencial. Nossa subjetividade não nos era atribuída: nós mesmos a construíamos com nossas ações. O modo como escolhemos viver nos transforma no que somos.

Como resultado da pressão exercida pelo exame, além da desorientação e do excesso de pílulas (anfetaminas e pílulas para dormir), Derrida desistiu depois de fazer o primeiro exame e sofreu uma pequena crise nervosa. Em 1952, na segunda tentativa, foi aceito na École Normale Supérieure, onde estudou filosofia durante os cinco anos seguintes. Ali, Derrida iniciou uma leitura mais aprofundada de duas personalidades que muito influenciaram Sartre, os filósofos alemães Husserl e Heidegger. Esses pensadores do início do século XX haviam sido fundamentais para o desenvolvimento e elaboração da fenomenologia, "a filosofia da consciência". Ela insistia que a nossa consciência fundamental residia além do alcance da comprovação racional ou científica, sendo acessível só à intuição. Somente por meio dela chegamos aos problemas centrais da vida, da própria existência. A base de todo o nosso conhecimento, por assim dizer, está muito além da razão e da ciência: o saber é baseado na consciência.

Em 1954, irrompeu a Guerra da Argélia, quando a população árabe e berbere se rebelou contra os franceses numa busca pela independência. Derrida apoiou o esforço pela independência, porém, após se formar em 1957, foi convocado para servir na Argélia, no exército francês. Colocou-se como voluntário para dar aulas e foi mandado para uma escola nos arredores de Argel, para ensinar as crianças dos soldados franceses e argelinos do exército francês. Derrida ficou desolado com a escalada das atrocidades cometidas por ambos os lados, embora ainda tivesse esperanças de uma Argélia independente, onde europeus pudessem coexistir com seus vizinhos árabes e berberes. A família de Derrida morava na Argélia havia cinco gerações e se sentia mais argelina que francesa. Em 1960, ele retornou à França onde conseguiu um cargo de professor de filosofia e lógica na Sorbonne, parte da Universidade de Paris. Estava então casado com Marguerite Aucoutourier, que havia sido sua colega na École Normale Supérieure. Ela o acompanhara à Argélia, mas não foi capaz de evitar que ele sofresse uma séria depressão após o retorno. A guerra resultaria na independência da Argélia, em 1962, e no êxodo em massa de europeus. A esperança acalentada por Derrida de se tornar cidadão de uma Argélia independente estava arruinada. A partir desse momento, ele freqüentemente voltaria a experimentar aquilo que chamaria *nostalgérie**. Porém, 1962 também seria o ano da independência do próprio Derrida como filósofo, com a publicação de seu primeiro trabalho importante. A uma tradução que fizera da *Origem da geometria*, de Edmund Husserl, ele adicionou uma introdução do tamanho de um livro, que tornava muito pequena a obra de Husserl — que tinha o tamanho de um ensaio.

---

* Neologismo, em francês, criado a partir da união de *nostalgie* (nostalgia) e *Algérie* (Argélia). (N.T.)

Husserl, originalmente, havia sido um matemático, o que o levou a perceber o perigo que a fenomenologia acarretava ao basear todo o conhecimento na intuição ou no caráter imediato da apreensão individual. Se a base de todo o conhecimento está além da razão e da ciência, como alguém poderia saber a verdade sobre algo que não se baseasse em sua própria intuição? Isso significava que o saber matemático e científico eram relativos. Proposições tais como 2 + 2 = 4 não estavam livres de controvérsias, apenas apareciam como a intuição de alguém sobre o mundo. Outros poderiam ter intuições diferentes sobre as coisas. E nesse caso não se teria como refutá-las.

Husserl procurou salvar a filosofia dessa adversidade que ameaçava destruir todo o conhecimento. Tomou a geometria como a forma mais certa de nosso conhecimento, usando-a como paradigma para todo o conhecimento científico e matemático. Se nosso conhecimento da geometria pudesse ser mostrado como imune ao relativismo, estaria assegurada a verdade de toda ciência desse tipo.

Husserl argumentava que a geometria deve ter tido uma origem histórica. Sua origem reside na intuição original de um ser humano histórico. Em um determinado dia, na pré-história, um determinado indivíduo deve ter tido uma intuição da linha ou da distância ou, possivelmente, até mesmo, do ponto. Dessa forma subjetiva, a geometria — linha, distância, ponto e assim por diante — teria começado. Esses termos originais devem ter tido significados claros e irrefutáveis, primeiramente apreendidos pela intuição. Mas, uma vez apreendidos esses termos pela intuição, para o restante da geometria tratava-se simplesmente de se descobrir as implicações lógicas desses pressupostos básicos. Na Grécia antiga, Euclides havia mostrado como a estrutura da geometria foi constituída a partir de tais conceitos básicos. A própria geometria, de alguma forma, "já estava lá", esperando para ser descoberta, esperando o seu momento histórico. Depois que as noções originais fossem incorporadas, o resto era incontestável, não poderia haver relativismo sobre isso. Todo o conhecimento científico e até filosófico funcionaria desse modo. Contudo, de acordo com os rigores da fenomenologia, esse conhecimento era fundamentado na intuição (historicamente falando). Mas não, não era relativo porque partia dessas intuições originais prosseguindo por etapas lógicas que revelavam uma estrutura que, de certo modo, "já estava lá", apenas aguardando ser descoberta.

Derrida estava convencido de que esse argumento continha uma *aporia*, uma inconsistência interna que permanecia insolúvel. E, ao argumentar a favor disso em sua introdução à *Origem da geometria*, de Husserl, e em trabalhos posteriores, formulou a base de sua atitude filosófica. Pois a "filosofia" de Derrida não é uma filosofia propriamente dita, mas antes um questionamento da filosofia: uma "interrogação de sua real possibilidade". Ele questiona toda a base da filosofia e sua capacidade de operar em seus próprios termos. A estrutura inteira da filosofia é minada por uma *aporia* e, como tal, não pode ser consistente. Tratava-se de mais do que um obscuro argumento contra as bases da geometria, consistindo num questionamento da possibilidade da própria filosofia. E, conseqüentemente, dos fundamentos de *todo* conhecimento.

De acordo com Derrida, Husserl via a geometria como uma forma perfeita de conhecimento, que existia em um domínio de verdade atemporal. Era incontestável e permanecia verdadeira sem levar em consideração a apreensão ou intuição humanas. Para Derrida, qualquer intuição pré-histórica possível era irrelevante para a maneira como a geometria passara a ser considerada na história, como o paradigma para toda verdade científica e filosófica. Isso era uma verdade ideal, além do domínio da argumentação. Derrida contestou essa concepção. Mesmo que os conceitos básicos dessa verdade tivessem sido historicamente (ou pré-historicamente) intuídos, a verdade, por si mesma, não era fundada na experiência vivida. Segundo Husserl, ela já existia "lá fora", esperando ser descoberta. Portanto, *essa* verdade não poderia se basear na experiência vivida. Não era conscientemente intuída — o fundamento necessário requerido pela fenomenologia para todo conhecimento. Ali, bem no coração da filosofia, havia uma *aporia*. Por implicação, toda nossa noção de conhecimento era inconsistente. Ou nosso saber fundamenta-se na intuição ou não, não podendo, de forma alguma, ocorrer ambas as coisas. Como podemos *saber* que a geometria está "lá fora", esperando ser descoberta? E aceitamos seguramente a geometria como verdade por aplicarmos a lógica a ela, em vez de intuir isso? Pode ser logicamente consistente em seus próprios termos, mas como intuímos isso como conhecimento? Que base em nossa consciência — o fundamento último de nosso conhecimento — temos para aceitar sua verdade?

Questões como essas podem parecer sem importância, mas suas implicações afetam a filosofia ocidental como um todo e o conhecimento científico baseado nela. Heidegger havia formulado questões parecidas e, ao fazê-lo, revelara um pressuposto oculto subjacente à estrutura completa de nosso conhecimento. E longe de se fundamentar na intuição individual, esse pressuposto era puramente metafísico. O que significa que estava, de certa forma, acima e além de nosso mundo físico. Não se baseava em experiência de espécie alguma. Heidegger mostrou que toda a idéia da filosofia ocidental e o conhecimento científico subordinado a ela estavam alicerçados na noção de que, de alguma forma, em algum lugar, a própria verdade poderia ser validada em algum sentido absoluto. Haveria um domínio da verdade que não era relativo. O "algum lugar lá fora" onde a geometria existia faria parte desse domínio, "uma presença", onde a verdade absoluta existia. Isso também garantia toda verdade. Ali, a verdade era validada pela sua própria presença. Ela existia. (Caso contrário, haveria uma ausência.) Essa presença era absoluta, garantindo a verdade absoluta. A identidade dessa presença existente não pode ser outra senão uma forma de ser que conhece todas as coisas e sabe a verdade sobre todas as coisas, incluindo a si própria. Esse é o significado da sua verdade. Existe uma coincidência entre ser e conhecer nessa presença que garante a verdade de todas as coisas.

Como mostrou Derrida, essa garantia de verdade, essa presença, revela outra *aporia*. A noção filosófica de verdade baseada puramente na intuição acaba vítima de sua própria contradição interna. A verdade absoluta pode ser garantida somente por um domínio ou presença absolutos. Qualquer verdade contingente secundária deve, inevitavelmente, ser relativa. Não há como um intelecto finito, limitado a sua própria intuição, poder saber se a verdade que conhece por intuição de alguma forma equivale à verdade daquilo que é. Tamanha coincidência, tamanha igualdade, somente poderia ser garantida por um absoluto que ele não poderia intuir.

Não é difícil detectar a presença espectral do divino por trás da alegação dessa "presença". Por muitos séculos, Deus havia sido a verdade, garantindo essa verdade absoluta. Porém, sem tal presença — chame-a de divina ou absoluta — não existe verdade e ficamos patinando em um atoleiro de relativismo. Isso se aplica à geometria tanto quanto à filosofia. Na verdade, Derrida afirmaria que essa condição impossibilita até a possibilidade de existência da filosofia. Agora fica claro por que ele não se vê como um filósofo!

A filosofia já havia percorrido esse caminho anteriormente. No século XVIII, o filósofo escocês David Hume reconheceu que todo o nosso conhecimento era baseado na experiência. Ele, então, analisou essa asserção empírica aparentemente incontroversa e chegou a conclusões surpreendentes. Leve esse empirismo ao limite e nosso conhecimento é reduzido a ruínas. Na realidade, nós não experienciamos a causalidade: em lugar de vermos uma coisa causando outra, tudo o que realmente percebemos é uma coisa seguindo a outra. De maneira semelhante, não sentimos realmente os corpos, meras coleções de informações dos sentidos. Nem sequer descobrimos por experiência própria o nosso eu. Não temos nenhuma sensação de nós mesmos, nenhuma impressão que corresponda à identidade, tampouco conhecemos qualquer coisa que nos diga que essa tão falada individualidade é idêntica de um momento a outro. Tal redução incisiva da verdade à experiência (um reconhecível predecessor do intuicionismo fenomenológico) bloqueou o desenvolvimento da filosofia. Mas não deu um fim a ela. Também não deu um fim ao conhecimento humano, em especial à ciência, que se baseia nas noções de causalidade, identidade, continuidade e assim por diante. Tudo o que Hume havia feito era demonstrar o status de nosso conhecimento. Quando confrontado com essa rígida análise lógica, o caráter ilógico de nossa experiência desmorona.

A filosofia pode, por vezes, abalar completamente o status do nosso conhecimento. A teoria pode reduzir seu status a nada, mas não consegue interromper a *prática* de nossas tentativas em adquiri-lo. Isso certamente é verdadeiro nos terrenos da matemática e das ciências "exatas" como a física. Continuamos adquirindo conhecimento de uma maneira científica, mesmo quando antifilósofos como Heidegger e Derrida conseguem explodir toda a nossa noção de verdade científica. Perversamente, até continuamos aplicando o método científico em áreas ainda não estabelecidas como ciência. A teoria do caos demonstra como o movimento de uma asa de borboleta na Amazônia pode resultar, eventualmente, em um tornado no Kansas. Os efeitos radicalmente diferenciadores das muitas variáveis envolvidas na previsão meteorológica são por demais incalculáveis para que possamos prever o clima muito à frente com qualquer certeza. O mesmo se aplica a toda previsão econômica, assim como à psicanálise. Elas ainda não são ciências (e talvez nem venham a conquistar essa condição), porém, a verdade é que continuamos, da melhor maneira possível, a aplicar o rigor científico nessas áreas.

A negação de Derrida da verdade geométrica, até da possibilidade da filosofia, está, em sua própria forma abstrata, sujeita às mesmas críticas. Ao solapar a verdade, ele também logra solapar a verdade daquilo que está dizendo. Como veremos, Derrida admitiria isso de pronto — e consideraria suas implicações, persistentemente, até chegar a conclusões ousadas e radicais. Mas o fato é que essa teoria (seja ou não sabotada por suas próprias contradições) desafia abertamente a prática humana. Nós exercemos a economia e a meteorologia porque o conhecimento infundado que produzem nos ajuda. Podemos aceitar que não existe algo como a verdade absoluta, uma garantia final para nosso conhecimento; não obstante, apesar de tudo isso, não há dúvida de que os três ângulos internos de um triângulo de superfície plana somam 180 graus. O tamanho de um elétron dentro de um átomo é comparado ao de uma agulha em um estádio de futebol e, ainda assim, descobrimos cálculos precisos para predizer com exatidão seu comportamento. Toda a indústria de computadores baseia-se em tais predições. E aceitamos outras "verdades" científicas menos matemáticas, como a teoria da evolução de Darwin, a estrutura do DNA e assim por diante. Na verdade, ainda que aceitemos que não existe verdade absoluta, paradoxal e impetuosamente opomo-nos a qualquer tentativa de minar essas verdades "não-absolutas" por outro modo que não a refutação científica (isto é, experimentação, experiência). A verdade pode ser relativa em termos de status absoluto, mas tratá-la como relativa é outra questão. Por um lado, Derrida presumivelmente não negaria a "verdade" de que milhões de judeus morreram no Holocausto. A civilização ocidental pode ter-se desenvolvido usando uma noção autocontraditória de verdade absoluta, mas sem essa noção autocontraditória ela desaba. A forma com que Derrida lida com isso e com a "impossibilidade" da filosofia é vital para qualquer consolidação de sua estatura como pensador.

Em 1965, Derrida começou a ensinar história da filosofia na École Normale Supérieure. Àquela altura, já havia se juntado a um grupo de novos intelectuais parisienses associados à revista de vanguarda *Tel Quel*. Apesar do título irreverente, não se tratava de um periódico de crítica leve e petulante. Seu objetivo era desenvolver um novo "terrorismo intelectual" que subverteria todas as concepções prévias da escritura, da crítica literária e da filosofia. Entre aqueles que escreveram para a revista, em uma ocasião ou outra, estava toda a nata dos novos pensadores franceses: Barthes, Foucault, Kristeva e Derrida. Inevitavelmente, suas intenções desconexas logo divergiriam.

A intenção de Derrida era, nada menos, a de destruir toda a "escritura" pela demonstração de sua inevitável falsidade. O escritor escreve com uma das mãos, mas o que ele está fazendo com a outra? Toda escritura e todos os textos têm suas próprias metas obscuras, contêm suas próprias pressuposições metafísicas. Isso é especialmente válido para a linguagem propriamente dita. O escritor, na maioria das vezes, está desatento para esse fato. A própria linguagem que utiliza, inevitavelmente, distorce o que ele pensa e escreve. Em *A escritura e a diferença* (1967), Derrida ataca aquele que era o epítome do pensamento francês, o racionalista do século XVII, Descartes, o primeiro filósofo moderno. Por meio da razão, Descartes havia procurado a certeza intelectual definitiva. Para resolver a questão, iniciou um processo de dúvida sistemática. Como resultado, descobriu que podia duvidar de toda certeza. Seus sentidos poderiam enganá-lo, até sua sensação de realidade, por vezes, seria incapaz de distinguir entre o sonho e a vigília. Da mesma forma, um dissimulado espírito malicioso poderia estar enganando-o sobre a certeza absoluta da matemática. (E uns três séculos mais tarde, Derrida voltaria a mostrar como isso poderia de fato ocorrer.) Mas, por fim, Descartes descobriu que havia uma coisa da qual não poderia duvidar. Essa era a certeza definitiva: *Cogito ergo sum* (Penso, logo existo). Não importava como ele estava sendo enganado pelo mundo, a única coisa de que não poderia duvidar era de que estava pensando.

Derrida discordou. Em termos básicos, assegurou que Descartes continuava à mercê da linguagem que utilizava. Era impossível para ele sair "fora" da linguagem na qual pensava — com todas suas pressuposições obscuras e sua estrutura que restringiam e distorciam o pensamento. Sua própria dinâmica e metodologia eram capazes de conduzir seu pensamento ao erro muito mais do que quaisquer enganos de percepção. Tais limitações eram "herdadas na essência e no próprio *projeto* da língua e de toda linguagem em geral". Por exemplo, foi simplesmente a gramática que conduziu Descartes à conclusão: "Penso, logo existo". A experiência definitiva de certeza, como Hume mais tarde mostraria, não continha qualquer noção de identidade ou até causalidade ("*logo* existo"). Em última análise, Descartes tinha apenas consciência da coexistência do pensar e do ser. Talvez esse pensar e esse existir fossem até idênticos. Como mais tarde Heidegger afirmaria, nossa apreensão fundamental é "estar-no-mundo" — essa é a intuição da fenomenologia, além do alcance da razão e da ciência.

Em outra de suas principais obras do período, *Gramatologia* (1967), Derrida elabora as idéias que se tornariam centrais para seu pensamento. Vital ao ataque de Derrida à filosofia é a indecidibilidade. Uma das mais obscuras pressuposições do pensamento ocidental é a regra básica da lógica, muitas vezes referida como a lei do terceiro excluído. Ela se refere à identidade e, em sua forma primitiva proposta por Aristóteles, dizia: "Não há nada além da asserção e da negação." Em outras palavras, uma proposição ou é verdadeira ou é falsa. Não pode ser outra coisa, nem ambas as alternativas ao mesmo tempo. Muito antes de Derrida, exceções a essa regra haviam sido notadas. A proposição "Essa sentença é uma mentira" derrota a lógica em seu próprio terreno. A proposição "Ele arreganhou os dentes obesamente" pode ser vista como vazia de sentido (má aplicação das categorias) ou, poeticamente, repleta de significação (para descrever o sorriso de uma criança gorducha). Realmente, toda frase poética, todas as imagens, toda arte inclusive, transgridem a lei do terceiro excluído. Como exemplo, temos os versos de Shakespeare: "O mundo inteiro é um palco/ E todos os homens e mulheres, meros atores." O mundo certamente não é um palco, feito de madeira e colocado à frente de um auditório e, contudo, em outro sentido (imagético), nós encenamos a ação de nossas vidas assim como atores em um palco. Uma imagem, como uma pintura, ao mesmo tempo, é e não é aquilo que retrata. Também, existem proposições que são metafísicas e, portanto, não passíveis de verificação ("Além do nosso universo existe a eternidade"); ou proposições que podem estar gramaticalmente corretas, mas permanecem vazias de qualquer significado ("O floreio fingidamente ferra o franzir do fluxo", "Uma medida de simplicidade é sua única masculinidade").

Porém, Derrida foi além. Argumentou que a filosofia, anteriormente, havia se equivocado ao procurar pela verdade essencial que estava, de alguma maneira, contida na "essência das coisas". Ao contrário, deveria ter se concentrado na linguagem que utiliza. Isso não apresenta qualquer equivalência essencial com os objetos ou até com os conceitos que ela nomeia e descreve. Não é dessa forma que a linguagem atinge o significado. Tudo que encontramos na linguagem é um sistema de diferenças, e o significado, simplesmente, emerge dessas diferenças. Mais ainda, tais diferenças são múltiplas e sutis. Não há como reduzir os muitos matizes de diferença encontrados na linguagem a um simples fundamento lógico que estabeleça a identidade.

Derrida afirmou que o pensamento ocidental e, em especial, a filosofia haviam se baseado na noção binária implícita na lei da lógica. Nossos conceitos definidores dependiam dessa oposição. Uma sentença era verdadeira ou falsa. Uma coisa estava viva ou morta. Uma localização era dentro ou fora, alta ou baixa, acima ou abaixo, à esquerda ou à direita. E por aí seguia: positivo/negativo, bem/mal, geral/particular, mente/corpo, masculino/feminino — assim era como dividíamos e classificávamos nossa experiência, a fim de dar a ela um sentido. Uma objeção óbvia a esse método é que o significado de um termo depende do significado do outro. Em outras palavras, o processo é circular: relaciona-se antes a si mesmo, mais do que àquilo que pretende descrever. Para Derrida, isso indicava a falha essencial nessas leis e seus raciocínios. Todos continham a pressuposição metafísica oculta segundo a qual descreviam alguma realidade essencial e de que essa realidade essencial era caracterizada por uma coerência lógica. O raciocínio encontrado na lógica também era encontrado na realidade. Esse pensamento não só pressupunha uma realidade essencial — na "presença" de uma verdade absoluta —, mas também pressupunha que essa verdade era lógica. A inteira noção de uma verdade absoluta que contradissesse as leis da lógica era inconcebível.

A consciência, nossa intuição do mundo, está além da lógica. Ela não intui qualquer "presença" de verdade absoluta. Conhecemos o mundo e a nós mesmos por meio da consciência e do "espelho de linguagem", que são o fundamento de nosso conhecimento, aquilo que o torna possível. No entanto, esse processo, além da razão e da lógica, é, na verdade, *excluído* do processo pelo qual obtemos conhecimento — lógica, razão e assim por diante. As diferenças que dão origem aos significados na linguagem são transformadas pela lógica em distinções, identidades e verdades. Para Derrida, essa contradição, inevitavelmente, abala a "verdade" do conhecimento.

De acordo com Derrida, nosso conhecimento do mundo, baseado em identidade, lógica e verdade, origina-se de uma *aporia*. É o resultado de uma contradição interna. Mais uma vez, torna-se bastante fácil assinalar a autocontradição de Derrida neste ponto. Se a presença de uma contradição invalida nosso conhecimento lógico, então, certamente, o uso da lógica no argumento de Derrida é igualmente danoso.

Apesar do argumento de Derrida voltar-se contra ele, o argumento em si não é novo. Antes de Hume, o filósofo empirista irlandês Berkeley, no século XVII, já conseguira "refutar" a matemática — para sua própria satisfação, usando a própria matemática. Chamou atenção para um número de inconsistências que somente poderiam ser retificadas pela introdução de regras arbitrárias nesse sistema que, aparentemente, baseia-se exclusivamente em verdades necessárias. Portanto, a matemática não era logicamente incontestável. Por exemplo:

12 X 0 = 0

13 X 0 = 0

Então: 12 X 0 = 13 X 0

Dividindo-se ambos os lados por 0 tem-se: 12 = 13

De acordo com Berkeley, esta anomalia só poderia ser retificada com a introdução da regra arbitrária que lhe permite multiplicar por zero, mas não dividir por este mesmo número. Mais prejudicialmente, Berkeley também mostrou a falha *lógica* herdada nos cálculos de Newton. Ou os "infinitésimos" empregados por Newton existiam ou não: seus cálculos mudavam no meio do processo de uma alternativa ou de outra. E, apesar da utilização considerável da lei do terceiro excluído em seu argumento, Berkeley também continuou a "refutar" essa lei (também com o uso da lógica). Essas exposições de falhas na certeza da matemática, e, conseqüentemente, em todo conhecimento "exato", atingiu seu ápice por volta da época do nascimento de Derrida. Em 1931, o matemático austríaco Gödel conseguiu provar, mais uma vez por meio de métodos matemático-lógicos, que a matemática nunca poderia ser exata. Qualquer sistema lógico rígido, como a matemática, está fadado a conter certas proposições que não podem ser provadas nem refutadas pelo uso dos axiomas básicos, nos quais aquele sistema se apóia. Isso era, na verdade, muito mais prejudicial à matemática do que qualquer coisa que Derrida estava para produzir, porque indicava a possibilidade da própria matemática ser capaz de gerar contradições matemáticas. (Também quebrava a lei do terceiro excluído. Tais proposições não eram nem verdadeiras nem falsas dentro do sistema.)

Como vimos, Derrida desejava dar um passo à frente, ao invalidar *todo o processo da lógica*. E, apesar de suas solenes afirmações em contrário, fez isso usando argumentação lógica. O que Derrida adiciona de essencialmente novo aos argumentos de Berkeley e Hume apresentados 250 anos atrás, ou para o argumento "final" de Gödel, é questionável. E pode-se argumentar que a distinção entre intuição e pensamento racional remonta mais de 2.000 anos no tempo até os primórdios da era grega do pensamento filosófico. Derrida, com certeza, argumentaria que intuição e razão simplesmente não são aplicáveis uma à outra. Ou, pelo menos, que tal aplicação não produz a certeza pretendida.

A matemática e a ciência foram capazes de sobreviver a Berkeley e a Hume, e têm continuado do mesmo modo depois de Gödel. A crítica de Derrida parecia ser igualmente eficaz. Então, o que isso indica? Foi realmente uma surpresa e um grande golpe no orgulho matemático descobrir que a matemática não era tão exata quanto supunha ser. Para a ciência, era outra questão. Simplesmente, *a ciência esteve bem ciente disso desde o princípio*. Ou, pelo menos, tem estado cada vez mais assim desde a época de Galileu. Teorias científicas são propostas e depois modificadas (ou totalmente descartadas) quando defrontadas com a realidade (achados experimentais). A verdade científica não tem sido uma certeza absoluta, ou vista dessa maneira por cientistas, já há alguns séculos. Galileu foi modificado por Newton, que, por sua vez, foi substituído por Einstein. A ciência é verdade que funciona, não verdade que é incontestável. E o mesmo pode ser dito, talvez em menor grau, sobre todo conhecimento humano. Derrida argumenta que ignoramos a questão aqui. Para muitos de nós, a "presença" de uma verdade absoluta se mantém em nossa postura frente ao conhecimento. Um argumento como esse não resiste a um exame mais minucioso, como na ciência e também nas certezas menos importantes da história. No que diz respeito a coisas tais como o fato histórico — o Holocausto, por exemplo —, comportamo-nos *como se* a "presença" fosse mantida. Aceitamos esse evento como verdadeiro por causa das evidências, que na sua própria natureza estão sujeitas à interpretação, modificação e até contradição. Aceitamos o Holocausto como cientificamente certo; não como absolutamente certo.

Porém, a finalidade de Derrida aqui não é totalmente negativa. Longe disso. Sua intenção confessa é a de *incluir* aqueles mesmos elementos que a lógica e a clareza procuravam excluir do rico fluxo de nossa intuição consciente.

Ao reduzir nossa experiência a esse conhecimento, excluímos a grande riqueza de nossa experiência. Mais uma vez, esse *insight* é pouco original. O conhecimento é abstrato — ele abs-trai da experiência. O significado original latino de abstrair é "extrair" (tração tem a mesma raiz) "de" ou "para fora de" (como em "retirar-se"). Ou seja, por implicação, reduzir o todo. Outra vez, o processo se iniciou na experiência humana não com o intuito de descobrir uma verdade absoluta, mas para sobreviver, para *fazer uso* da experiência, para se ter o poder sobre o mundo à nossa volta. Era técnico, científico — antes de sua pretensão mais tardia de uma "verdade absoluta".

Porém, o argumento central de Derrida aqui diz respeito, sim, a como usamos nosso conhecimento, seja ele intuitivo ou supostamente lógico. Como expressamos nós mesmos e nosso conhecimento? Na linguagem. Mas também isso não é absoluto, preciso ou lógico. Toda palavra, toda expressão e até o modo como as colocamos na sentença geram ambigüidades nebulosas. A linguagem elude clareza e precisão. Toda palavra possui seu próprio significado, ou significados. Mas também traz consigo um número maior ou menor de conotações obscuras. Existem jogos de palavras, semelhanças que ecoam, referências sugestivas, interpretações diversas, raízes divergentes, duplos sentidos — e assim por diante. A linguagem falada pode aludir aos duplos sentidos em sua intenção. O comediante dá à observação inocente uma ênfase exagerada que abre espaço para uma interpretação longe de ser inocente. Algumas afirmações podem, sob certas circunstâncias, transmitir, mesmo de forma involuntária, o seu oposto. ("Não há tinta branca [*whitewash**] na Casa Branca".)

O mesmo ocorre com a linguagem escrita. O leitor está livre para adicionar sua própria interpretação, atitude e intenção. As palavras na página — ambíguas por si próprias — são meras caixas de ressonância para a interpretação do leitor. Derrida conduz essa análise até seu extremo. A diferença sem "termos positivos" de identidade significa que a linguagem, nesse nível subjacente de significação, é quase completamente fluida. Se não existe identidade, não existem conceitos — tais noções individualizantes são literalmente inconcebíveis. Este nível — entre a fluidez de trocadilhos e piadas, de significados que se misturam uns aos outros e assim por diante — afasta-se da clareza. Mas, ao fazê-lo, também afasta-se da "presença" metafísica de uma ver-

* *Whitewash*, "caiação", significa também abafar um escândalo, apresentar as coisas de modo positivo, ocultando o que há de negativo. (N.T.)

dade absoluta que o pensamento ocidental procura impor à linguagem. Neste nível — análogo em alguns aspectos à mente inconsciente — a linguagem retém sua rica mistura criativa de indecidibilidade entre as diferenças.

Mais uma vez, o elemento de ambigüidade na linguagem tem sido claro para os poetas desde os primórdios da literatura. Isso talvez conte para a primeira recepção das idéias de Derrida nos Estados Unidos, quando apresentou um discurso na Johns Hopkins University, em 1966. O tratamento da linguagem, ali proposto por Derrida, foi visto como uma ferramenta incisiva e original para a crítica literária. Isso mostrou como todos os tipos de referências e significados novos podiam ser discernidos em um texto literário, criando seus próprios subtextos. Isso poderia revelar intenções ocultas, pressuposições metafísicas veladas e ambigüidades implícitas. Por outro lado, a recepção de Derrida na comunidade filosófica foi menos entusiasta. O que ele estava tentando dizer?

A resposta de Derrida a esta pergunta foge à precisão exatamente da mesma forma que a linguagem, na visão de Derrida, foge ao significado preciso. Mas a linguagem *tem*, sim, um significado. Ela se originou como um meio de comunicação. Mesmo que aquela comunicação fosse apenas uma demonstração de poder desarticulado — do falante sobre o ouvinte, como no gritar primitivo —, o intento era o de comunicar. E essa comunicação de significado mais ou menos preciso continuou a ser sua atividade central. A literatura, como a arte, continuamente joga com a linguagem e utiliza seu elemento jocoso e ambíguo. Mas até isso, raramente, recai no contrasenso completo (*non-sense*). O dadaísmo, o surrealismo e outros –ismos têm sua força derivada do deslocamento do significado de evocações anômalas e coisas assim. Se não tivessem, todo texto "sem sentido" teria o mesmo efeito.

Então, qual *é* a utilidade da análise de Derrida? Ele mostra como o significado de um texto assume convenções variadas e contém seus próprios códigos. Mostra *como* um texto adquire significado, em vez de *o que* ele significa. Mostra como um texto é simplificado. Esse método de limitação e manipulação do rico campo de ação da linguagem sempre foi a grande questão, e é discernível entre os primeiros filósofos. Derrida ilustra isso com um exemplo retirado do *Fedro* de Platão. Ali, Platão relata o mito do antigo deus egípcio Thoth, que explicou ao rei do Egito a importância de ensinar aos seus súditos a escrever. Isso possibilitaria aos súditos melhorar a memória e aumentar a sabedoria. Thoth declarou: "Minha invenção é um medicamento (*pharmakon*) para fortificar ambas, memória e sabedoria." Mas o rei contestou, afirmando que a escritura causaria exatamente o efeito oposto: "Essa invenção irá produzir o esquecimento nas almas daqueles que a tiverem aprendido porque eles não precisarão exercitar a memória, podendo se basear no que está escrito." Thoth havia meramente descoberto um *pharmakon* para a lembrança, não para a memória em si. O mesmo ocorre com a sabedoria. O rei afirmou que a escritura meramente produziria a aparência de sabedoria, não sua realidade. Ela encorajaria a ilusão de sabedoria, não a verdadeira sabedoria interna.

Derrida aponta para o fato de que o mito de Platão contém o típico uso de opostos binários, de ou/ou. *Ou* a escritura é boa para a memória, *ou* não é. Ainda que pudesse, na verdade, ser ambos. Derrida, então, concentrou-se na palavra *pharmakon*. Em grego, significa "medicamento", "cura" ou "poção". (É a origem da farmácia.) Mas *pharmakon* também pode significar "veneno", "feitiço" ou "encantamento". A palavra *pharmakon*, assim, cobre os dois lados do argumento. A escritura pode tanto fornecer o poder da memória, como entorpecer seus poderes. O significado de *pharmakon* torna-se instável nesse contexto, e essa instabilidade introduz a *différence*. Identidade, opostos binários, ou/ou — são todos eliminados e, no lugar, temos a ambigüidade da diferença. A lógica do argumento de Platão começa então a desenredar, e, em vez dela, temos a indecidibilidade.

Não é de surpreender que os filósofos norte-americanos não tenham ficado muito impressionados com esse pensamento de Derrida. Tal tratamento pode ter sido muito bem aceito para a literatura, mas o que isso podia ter a ver com a clareza do argumento filosófico? Ele procurava somente turvar a água, confundir os assuntos, criticar impiedosamente os conceitos. A filosofia procurava eliminar tais ambigüidades. Qual era o sentido de reintroduzi-las? Derrida opôs-se a essas objeções com dois argumentos. Sua tentativa era para mostrar as convenções pelas quais a filosofia opera, suas pressuposições de verdade e seus códigos obscuros. Em segundo lugar, salientou que toda linguagem era construída sobre esse subtexto de ambigüidade. Ela fugia à identidade por meio de qualquer objeto real, e ignorar isso era ignorar a complexidade daquilo que a linguagem *é*. Os filósofos não foram os únicos a permanecerem sem se impressionar com esse argumento. Os cientistas, simplesmente, tinham-no como um contra-senso sem importância. A lei científica é válida até que seja refutada — não pela apresentação de ambigüidades verbais. Advogados e pensadores políticos menosprezaram os argumentos de Derrida, considerando-os uma piada. Bem como Derrida havia indicado: cada um, em seu contexto, ateve-se às suas próprias convenções e pressuposições. O quanto estavam cientes disso e o quanto isso importava era uma outra questão.

Derrida chamou seu processo de argumentação ou abordagem filosófica (caracterize-o como quiser) de "desconstrução". Isso explica com alguma precisão o que ele faz. Desmonta o que já foi juntado implicitamente em um texto. A monumental autoridade de um texto é desarmada. Em vez de um significado, ele assume vários. Depois da primeira palestra dada por Derrida nos Estados Unidos, na Johns Hopkins, o desconstrucionismo rapidamente começou a pegar como doutrina intelectual. Desconstrução, indecidibilidade, *aporia*, *différence* e coisas parecidas tornaram-se as palavras da moda no novo culto acadêmico. Johns Hopkins e Yale abraçaram o desconstrucionismo com algum entusiasmo, enquanto outras instituições o rejeitaram com o mesmo sentimento passional. Esse racha na academia norte-americana logo ecoou ao redor do mundo. Todos os filósofos franceses e do continente europeu estavam ansiosos. O Reino Unido e outros países anglófonos ficaram refratários. Essa ultra-simplificação binária reverberou através de diferentes disciplinas. Derrida encontrou seguidores na filosofia e na crítica literária, enquanto as ciências consideraram tudo uma grande besteira. Não havia espaço para o relativismo no domínio da relatividade.

Em maio de 1968, Paris foi surpreendida pelos chamados "Les Événements" (literalmente, os incidentes ou eventos). Estudantes tomaram as ruas, entrando em conflito com a polícia e a margem esquerda do Sena tornou-se o cenário de violentas manifestações, dia e noite. Os estudantes resistiram ao gás lacrimogêneo e aos jatos d'água da tropa de choque, ergueram barricadas, lançaram paralelepípedos e acabaram por dominar a Sorbonne, controlando, efetivamente, o centro de Paris, ao sul do Sena. O problema logo se espalhou para outras universidades por toda a França, e greves simpatizantes espontâneas irromperam em diversas grandes fábricas. O país foi virtualmente levado a uma paralisação. Muitos apoiavam os estudantes mas temiam um colapso do Estado. A explosão de violência dos jovens surgiu como resultado de anos de domínio estatal autoritário, culminando na esterilidade resultante de dez anos de governo patriarcal do envelhecido general Charles de Gaulle. Nos Estados Unidos, Reino Unido, Alemanha e outros lugares, as transformações sociais e culturais dos anos sessenta estavam acontecendo. Manifestações em massa contra as armas nucleares e a Guerra do Vietnã, a revolução nos costumes sociais acompanhada pela chegada do rock e do movimento hippie, assim como a abastança advinda com o pós-guerra haviam trazido poucas mudanças para a França. O sistema educacional, especialmente, manteve um controle rigoroso sobre a juventude. O currículo escolar era rígido ao extremo, culminando no terrível exame *baccalauréat*, que determinava o sucesso ou o fracasso na vida. Realmente, o currículo era tão rígido que o ministro da Educação podia saber com certeza, a qualquer hora em qualquer dia, de modo preciso, qual página do livro didático estava sendo estudada em cada sala de aula, por todo o território. Em contraposição, o ensino superior estava um desastre — com o mínimo de um equipamento ultrapassado, anfiteatros tão lotados que, freqüentemente, metade dos estudantes nem conseguia entrar; cursos irrelevantes e inúteis conduzidos por professores idosos e inaptos; e um ambiente degradado.

A nova onda de pensadores parisienses pós-Sartre — como Foucault, Barthes, Derrida e outros associados à *Tel Quel* — representava o protesto intelectual contra a esterilidade da sociedade francesa. Nesse contexto fica fácil entender alguns dos exageros desse movimento. A insistência de Derrida na "fluidez" da linguagem torna-se mais compreensível quando vista contra o pano de fundo dos decretos do sistema educacional francês. Sua insistência na "diferença" da linguagem, em detrimento da identidade de palavras com seus objetos, subverte a ortodoxia lingüística prevalecente. Isso era, e ainda é, o que preservava a Académie Française, que continua a emitir seus pronunciamentos sobre pureza lingüística francesa (como na exclusão do "americanismo" e outras palavras inglesas) e a determinar o sentido preciso das palavras francesas. Tal repressão ocasiona um sentimento íntimo de opresssão. Ataca bem na forma com que uma pessoa pensa, atingindo dentro da própria mente. Falantes do inglês, cuja língua não está sob ameaça e, diariamente, penetra mais adentro nas línguas do mundo, podem ter pouca ou nenhuma idéia de tais problemas. Ao contrário, o inglês manteve sua extensa homogeneidade, precisamente, através da habilidade de se adaptar, absorver e resistir. (Em comparação, considere o caso do árabe. O manuscrito árabe clássico continua compreensível desde o Marrocos até as Filipinas, embora variantes faladas do árabe possam ser completamente incompreensíveis de um país para outro.) Por volta de meados do século XX, o inglês norte-americano começou a dar vida nova à moribunda formalidade do inglês britânico, que era a língua franca por todo o Império Britânico (mais de um terço do globo). E, pode-se argumentar, o mesmo inglês britânico já havia contribuído com uma gama de articulação e disciplina para a variedade fecunda de variantes norte-americana, indiana, australiana e africana, mantendo o todo unido. Precisamente esse fato levou os muitos críticos norte-americanos de Derrida a ver suas críticas sobre linguagem e suas implicações filosóficas como irrelevantes para o mundo de fala inglesa. Nós já sabemos como a linguagem pode ter vida própria, como palavras podem adquirir novas cadências e até significados inteiramente novos. Basta pegar palavras como *gay*, *freak* e *challenged* para ver como o inglês está em constante estado de fluxo. Derrida estava lutando por uma liberdade que os falantes do inglês já possuem. Ainda que esse não fosse, é claro, seu objetivo central — que era o de mostrar que *toda* linguagem é *completamente* fluida.

Derrida teve um papel ativo no início dos eventos de maio de 1968, participando das marchas e manifestações. Organizou inclusive uma assembléia na École Normale Supérieure, onde havia debates abertos entre estudantes, funcionários, docentes simpatizantes e empolgadas celebridades intelectuais visitantes que queriam aderir à causa na última hora. O próprio Sartre esteve presente em uma das assembléias na Sorbonne, mas foi logo calado pelos gritos dos jovens. Concordava com os estudantes, mas, na verdade, havia perdido o contato com essas gerações. O velho não tinha uma noção real das aspirações dos jovens. Até Derrida achou difícil controlar a anarquia, a falta de articulação das exigências e dos discursos, o populismo e o filistinismo freqüentemente deliberados. A força dos sentimentos jovens que desabrochava em pichações como "Sob o asfalto, existe uma praia", "O amanhã brilha hoje" e "Somos a escritura no muro" não dava espaço para uma política intelectual. (Era o que Sartre não havia entendido.) Derrida manteve seu apoio, mas também uma postura neutra. Como poderia falar em meio ao alvoroço daquele momento?

O mundo observou bestificado como a principal capital cultural do globo foi transformada em um piquenique anarquista. Enquanto isso, de Gaulle entrou em pânico e foi para a Alemanha a fim de consultar seus líderes militares (no comando das tropas francesas que ocupavam a zona francesa na antiga Alemanha Ocidental). De Gaulle recebeu apoio militar e a revolta desorganizada foi desmantelada à medida que os estudantes partiam para férias nas ilhas gregas. Porém, a lição tinha sido dada. Os velhos dias eram passado. De Gaulle renunciou um ano depois e morreu um ano mais tarde. A França entrou no mundo moderno — embarcando na estrada da democracia populista e da cultura jovem. Aos trabalhadores foram concedidos maiores salários, e aos estudantes foi dada uma voz na educação. As palestras de Derrida na École Normale Supérieure tornaram-se cada vez mais populares. O animado homem, elegante e bem-vestido, com o admirável corte de cabelo curvado para cima, tornou-se uma figura cultuada.

Esse status, porém, não foi alcançado sem algum revoar de penas no galinheiro da vida intelectual parisiense. Derrida, inicialmente, mostrou simpatia pela visão de seu contemporâneo Foucault, que também representava uma figura arrojada com sua tradicional cabeça raspada, os óculos fashion e o suéter claro de gola pólo. O relativismo cultural de Foucault estava de acordo com o relativismo lingüístico de Derrida. Ambos eram vistos como líderes do movimento conhecido como pós-estruturalismo, que via todo conhecimento como textual (ou seja, uma interpretação relativista do texto). História, psicologia, filosofia, antropologia — todas lidavam não tanto com conceitos, mas com palavras. Para Foucault, isso levava a epistemes (ou paradigmas) do conhecimento em que o poder era investido. Essas epistemes estruturavam o pensamento de qualquer época, direcionando o modo com que ela pensava, e, assim, determinando sobre o que ela pensava, os objetos desse pensamento, as lacunas e até decidindo sobre a possibilidade de se pensar de determinadas maneiras. Por exemplo, a era medieval, que acreditava que o mundo constituía-se essencialmente de terra, ar, fogo, água e misturas desses elementos, simplesmente não poderia fazer idéia de elementos atômicos. Com o advento de cada nova era — como a transformação do Renascimento na Idade da Razão — estabelecia-se toda uma nova episteme de pensamento. Foucault viu Descartes como o epítome da Idade da Razão. Depois de usar a razão para duvidar de tudo, ao descosturar o tecido de sua própria existência (e, por implicação, as certezas da época anterior e sua episteme), Descartes havia chegado à sua certeza fundamental: "Penso, logo existo". Mas Derrida discordou da análise de Foucault. Ao utilizar a linguagem da razão para descrever o método de Descartes, Foucault havia aderido à episteme da Idade da Razão. A dúvida de Descartes havia, na verdade, solapado, inconscientemente, a mesma razão que procurava firmar como suprema. Também a razão poderia ser posta em dúvida. O texto de Descartes estava aberto a uma interpretação ainda muito mais drástica do que aquela sobre ele empregada por Foucault. Era um delírio supor que o pensamento pode usar uma linguagem que se coloca "fora" da própria linguagem que ele descreve.

Foucault, não surpreendentemente, reagiu com certa exaltação a essa crítica, o que ameaçou corroer todo o seu projeto intelectual (e, tudo indicava, qualquer outro projeto intelectual). Na visão de Foucault, o ataque detalhista de Derrida era apenas um jogo intelectual. Essa disputa, conseqüentemente, levou a uma cisão em toda a proposta pós-estruturalista. Enquanto Foucault mantinha a ênfase no texto, especialmente no documento histórico, insistia que era possível analisar a estrutura de poder aderente a um texto específico. A episteme que controlava e limitava sua escritura implicava um sistema de poder político. Tal texto histórico estava aberto a uma interpretação específica. Derrida insistia em que, como qualquer texto, estava aberto a uma multiplicidade de interpretações. A visão sobre qualquer texto histórico estava propensa a mudar de época para época. Isso pode ter libertado o texto de uma única interpretação autoritária, mas deixou Derrida aberto à acusação de que a um texto como esse poderia, aparentemente, ser dada qualquer *interpretação.*

A divergência de opinião entre Derrida e seu contemporâneo parisiense Roland Barthes foi menos violenta e, aparentemente, menos fundamental. Barthes era o campeão da semiologia, em que um texto é estudado por seu significado de "segunda ordem". Intelectuais simplórios que liam um texto para descobrir as intenções do autor eram desprezados por serem, irremediavelmente, ingênuos. O verdadeiro significado de qualquer texto está na análise de símbolos e sinais interconectados, cuja estrutura sustenta a superfície. Barthes, audaciosamente, estendeu tal análise para bastante além dos textos de filosofia e literatura, para domínios tão diversos como a moda, a Torre Eiffel e até a luta romana (em que todas as formas de sinais interconectados estavam para ser encontradas atracando-se abaixo da superfície).

Esse método de análise dos textos levou Barthes a anunciar a "morte do autor". O que ele (ou ela) disseram não valia. O autor era, meramente, uma construção cultural: o produto de uma época, classe e sexo socialmente determinava expectativas, apetites e assim por diante. No seu melhor, a análise de Barthes mostrava como a linguagem da superfície podia cobrir uma estrutura oculta de pressuposições, fazendo com que essas pressuposições inteiramente artificiais parecessem "naturais", "universais" e até inevitáveis. Esse era o caso, por exemplo, do romance burguês e os valores culturais não questionados sobre os quais ele se apoiava.

Derrida tinha sentimentos confusos sobre a tão falada "morte do autor". Naturalmente, aplaudiu

Barthes por desnudar pressuposições ocultas e por revelar como as "verdades universais" dos valores burgueses eram, na verdade, nada mais que uma construção arbitrária de preconceitos e pressuposições. Isso coincidiu com sua própria proposta desconstrucionista. Ali havia mais provas da "presença" transcendental da metafísica ocidental. Era sempre necessário expôr tal "verdade" como puramente humanística. Por outro lado, Derrida deplorava qualquer suposição de que tal criticismo poderia, ele próprio, ir além do humanístico e, por assim dizer, emergir "no outro extremo" da ideologia humanística; de que, um dia, seria possível emitir juízos totalmente livres do humanismo e seus inevitáveis pressupostos. Isso era impossível. A própria linguagem em que essa crítica era expressada iria, inevitavelmente, conter traços de pressuposições humanísticas nas quais se baseava, nas quais havia crescido através da história. Esse argumento pode parecer, de certo modo, circular, mas seu ponto era claro o bastante. Estamos limitados pela circularidade de nosso discurso. Nossa fala estará sempre sujeita à linguagem que utilizamos. Nunca podemos sair desse inevitável caráter humanístico. Isso pode parecer deprimente, considerando qualquer noção de verdade além da construção socialmente aceita. No entanto, possui implicações distintamente encorajadoras.

A verdade como a conhecemos, no único modo que podemos conhecê-la, deve permanecer humanística. Deve permanecer "do humano, para o humano". Infelizmente, como logo apontaram obstinados deístas e metafísicos, o mesmo pode ser dito das pressuposições metafísicas e religiosas que há muito fazem parte da linguagem. Derrida argumenta que devemos nos livrar dessa "presença", porém, ao mesmo tempo, argumenta que nunca podemos nos livrar da "presença" humanística. É difícil ver como ele pode ter ambas as posições — exceto, é claro, no domínio da "livre interpretação" que defende, a qual é, presumivelmente, livre para se contradizer.

Por volta do final da década de 1960, Derrida estava se tornando uma figura cada vez mais celebrada. Nos dois lados do Atlântico seu novo desconstrucionismo estava, igualmente, tornando-se moda — e, igualmente, matéria de controvérsia. Não somente filósofos e cientistas menosprezavam suas idéias, tendo-as como óbvias, desnecessariamente complexas ou *nonsense* incompreensíveis. (Um conhecido acadêmico inglês chegou a declarar que seu trabalho consistia nas três coisas — uma categorização que mesmo o próprio Derrida deve ter tido dificuldades em desconstruir.) Ao mesmo tempo, os antigos alunos de Derrida estavam se tornando uma influência difundida muito além dos confins de Yale e Paris. Porém, as forças de reação tinham começado a se juntar. Na maioria das universidades tradicionais não havia espaço para a desconstrução. A morte do autor podia acontecer em qualquer outro lugar: a morte *desses* autores tinha sido altamente exagerada.

Em 1970, a mãe de Derrida morreu de câncer aos setenta anos de idade. No ano seguinte, Derrida retornou à Argélia, pela primeira vez desde a independência do país, dando uma série de palestras na Universidade de Argel. Durante a estada, aproveitou a oportunidade para visitar a vila à beira-mar onde nasceu, seu jardim de infância e muitos outros lugares da sua memória. Sua *nostalgérie* se tornaria ainda mais pungente devido à morte de sua mãe. Referências enigmáticas a esses lugares do seu passado e indicações oblíquas dos seus sentimentos em relação a eles começaram então a aparecer com uma freqüência crescente em sua obra. Mas por que esse esquivamento quando já não tinha nada a esconder? Aparentemente, expressar tais sentimentos de forma direta iria diminuí-los. A vitalidade deles seria limitada somente pela tentativa de abrangê-los em palavras, as quais teriam vindo entre a realidade de suas memórias. Mais uma vez temos o *pharmakon*, que tanto cura como envenena, trai e estimula nossa memória. O *pharmakon*, ou escritura, é como o coringa, a carta irregular do baralho. Pode não significar coisa alguma. Palavras são diferença, e não identidade. Deveríamos estar olhando para o quanto as palavras podem significar, não tentando ver o *que* elas significam. Derrida deseja manter sua memória intacta: a razão para seu intencional esquivamento com relação a sua autobiografia fica clara.

Em seus trabalhos seguintes, Derrida demonstra de forma vingativa sua posição com relação à clareza na linguagem. Em 1972, ele, mais uma vez, produziu três livros. São eles *Margens da filosofia, Posições* (consistindo em várias entrevistas) e *La dissemination*. O último era uma indicação da direção que o pensamento de Derrida estava agora tomando. *La dissemination* argumenta, novamente, que nunca pode haver somente um significado fixo para qualquer texto. A força de diferentes significados, jogos de palavras, ambigüidades associativas e aspectos semelhantes é irresistível. Isso causa uma disseminação de significados, de diferentes interpretações. Derrida lida bastante eficazmente com o fato de que a palavra *disseminação* contém ecos de "sema", a antiga palavra grega para significado (daí a origem da nossa palavra *semântica*). Também aponta que ela tem ecos de "sêmen", ejaculando, assim, significado. O ensaio final em *La dissemination* chamou-se "Disseminação". O próprio Derrida proclamou, orgulhoso, que esse texto era "indecifrável" e "ilegível" — prevenindo, desse modo, os desafortunados críticos. Mas essa infelicidade era a questão. Derrida atingiu aqui uma apoteose de "textualidade" — o jogo de diferenças no significado, associação, indecidibilidade e assim por diante, e incompreensão. Dois exemplos aleatórios. Primeiro um título: "O duplo âmago do pluripresente". Depois a sentença: "A expropriação, dessa maneira, não procede meramente através de uma suspensão cifrada da voz, de um tipo de espaçamento que a pontua ou então retira suas flechas dela, ou nela. É também uma operação *dentro* da voz."

Nenhuma citação breve pode fazer jus à total dimensão pela qual Derrida conseguiu escapar a todo significado em seu texto — todo sentido, toda sanidade inclusive. De maneira semelhante, qualquer tentativa de fazer uma exegese do texto é fadada ao fracasso. Realmente, na visão do autor fazer tal coisa viria representar apenas um desserviço ao texto. A tentativa de lhe atribuir *um* significado simplesmente eliminaria qualquer outro significado passado que ele possa ter contido, bem como a possibilidade de quaisquer futuras interpretações. Qualquer significado atual imposto ao texto é somente uma ilusão que tenta impor novamente a "presença" e algum significado absoluto, alguma verdade absoluta — que é, claro, uma falácia. Ou, para colocar isso nas inimitáveis palavras do mestre: "A cada vez, a escritura aparece como desaparecimento, rechaço, apagamento, recuo, enroscamento, dispêndio." Tudo isso talvez seja melhor ilustrado através de uma descrição do texto e de como se originou.

Esse "ensaio", como o autodenominou Derrida, nasceu como uma resenha do livro *Nombres* do contemporâneo escritor francês Philippe Sollers, outro membro do grupo *Tel Quel*. *Nombres* mal pretende, no seu frontispício, ser um romance. Começa com uma dedicatória em russo, seguida na página subseqüente por um epígrafe em latim sugerindo as estaturas e profundidades ilimitadas de interpretações do livro ("Seminaque innumero numero summaque profundo"). O texto em si então começa em: "... o papel queimava e ali havia algumas perguntas sobre todas as coisas desenhadas e todas as pinturas projetadas lá da maneira regularmente distorcida, enquanto uma frase dizia: 'existe a superfície externa'." Cem páginas depois, ele fecha com as palavras: "queimado e recusando-se a colocar a tampa de volta ao seu lugar quadrado e profundidade — $(1 + 2 + 3 + 4)^2 = 100$ _____ [no texto de Sollers esse espaço é ocupado por dois grandes ideogramas chineses] _____." Em seu bojo, o "romance" de Sollers é algo de "novo". No entanto, essa dupla negativa pode indicar, e indica, praticamente qualquer coisa. Ali encontramos mais ideogramas chineses, diagramas e até charadas, tudo contido em uma série de blocos de texto bastante inconseqüentes, que dizem estar relacionados como os estilhaços de um espelho quebrado. O texto também contém citações de personalidades tão discrepantes como o matemático do século XVII e entusiasta religioso Pascal; Karl Marx; o cardeal medieval e pensador científico profético Nicolau de Cusa, Friedrich Nietzsche; e Mao Tsé-tung. Também estão incluídas citações de Bourbaki, pseudônimo adotado por um grupo alternativo de matemáticos franceses que, anonimamente, assumiram a responsabilidade pelo, de certa forma, controverso trabalho matemático axiomático produzido sob esse nome. A proposta axiomática pura de Bourbaki salienta que, na matemática, o sujeito não sabe o que o outro fala, tampouco se importa se o que o outro diz é verdade em algum sentido real. A semelhança com o texto é, presumivelmente, intencional e caracteriza, adequadamente, o método de Derrida.

O mesmo não pode ser dito de Wittgenstein, que também é citado em *Nombres*. O objetivo da filosofia de Wittgenstein era, no mínimo, diametralmente oposto ao de Derrida. Ambos, reconhecidamente, afirmavam haver encontrado a "solução final" para a filosofia, dando, assim, um fim a essa questão de uma vez por todas. E ambos acharam na linguagem a chave para essa configuração. Porém, todas as semelhanças terminam por aí. Derrida resolveu "o problema da filosofia" com o recurso simples de explodir a linguagem a partir de seu interior, detonando seu significado em uma infinidade de fragmentos de ambigüidade, autocontradição e piadas engraçadas. Qualquer filosofia coerente — ou na realidade qualquer coisa coerente — foi, assim, tornada impossível. Wittgenstein, por outro lado, via a filosofia como algo surgindo do emaranhado de nós do surgimento do significado, quando palavras eram aplicadas a categorias inadequadas. (Por exemplo, era, simplesmente, impossível perguntar "Qual o propósito da vida?" porque palavras tais como "propósito" e "vida" não poderiam ser, significativamente, aplicadas uma à outra.) O que chamamos de filosofia surgiu somente de erros no nosso uso da linguagem. Quando os nós fossem desatados, os erros simplesmente desapareceriam. Não somente não poderia haver resposta para tal questão filosófica, como também não poderia haver a própria questão antes de mais nada. O que Wittgenstein e Derrida tinham em comum profundamente era a noção de filosofia como um truque de mágica. Porém, onde Wittgenstein fez o coelhinho branco desaparecer na cartola, Derrida produziu uma cornucópia sem fim deles.

A resenha de *Nombres* feita por Derrida faz pouco mais do que tentar se igualar ao espelho despedaçado sobre o qual afirma estar resenhando. É (para entrar no espírito da coisa) uma reflexão com reflexão ou reflexões dentro de uma reflexão. O original é citado, arremedado e até parodiado (talvez de modo consciente, mas não comicamente). De fato, a obscuridade do original parece ter sido tomada como desafio a ser incrementado mais do que superado. Até sustenta que toda resenha seria o mesmo: "Algumas outras enumerações desse tipo, no conjunto escritas honestamente, iriam, contudo, permanecer indecifráveis." Nem seria preciso dizer, mas alguns resenhistas conseguiram encontrar uma maneira mais direta de expressar suas opiniões sobre o texto de Sollers e o ensaio dele resultante. "Besteira" foi a opinião presumivelmente "indecifrável" que brotou na mente de mais de um resenhista de língua inglesa. Até alguns dos maiores admiradores de Derrida esperaram que essa obra fosse uma aberração. Para onde ele poderia prosseguir? O que está além do autoproclamado "ilegível"?

A resposta não tardaria. Dois anos depois, em 1974, Derrida publicou *Glas*. Essa obra consistia de duas colunas contínuas de impressão. Como *La dissemination*, ambas começam com frases pela metade, mas, dessa vez, elas continuam por quase trezentas páginas, com passagens ocasionalmente recuadas como comentários e boxes ocasionais de citações. A coluna da esquerda, com linhas impressas ligeiramente mais largas e dispostas mais próximas umas das outras, consiste em uma leitura originalíssima e citações entrelaçadas de Hegel, filósofo alemão do século XIX. A outra coluna é um comentário, também com longas citações, sobre as obras do lírico e pederasta escritor francês Jean Genet, por várias vezes preso. Ambos são torturantes ao seu modo. No entanto, o contraste entre a metafísica sistemática alemã e a sodomia sistemática francesa não poderia ser mais agudo. Não há nenhum intento antigermânico ou homofóbico aqui. Os trabalhos tanto de Hegel como de Genet vão de par com Derrida no ataque às sensibilidades e expectativas do leitor comum. As enormes frases de Hegel que chegam a tomar uma página inteira repletas do inflexível jargão metafísico o colocam como o Marquês de Sade da filosofia. A relação de Genet com o Marquês é, de certa forma, menos filosófica, mas o efeito pode ser igualmente doloroso.

Então sobre o que *Glas* realmente fala? Como já deveríamos estar preparados, a esta altura, o objetivo de tudo isso não está em nossas mãos. Nas palavras de Christopher Norris, um dos críticos mais simpáticos a Derrida, "*Glas* não é um 'livro', pelo menos não no sentido tradicional da palavra: um volume cujo princípio unificante consiste em sempre estar nos remetendo a alguma fonte privilegiada de intenção autoral." Por outro lado, a composição tipográfica e a impressão desse não-livro foram evidentemente uma questão de desígnio extremamente preciso para o autor privilegiado. Nenhuma interpretação ilimitada, do tipo é pegar ou largar, foi permitida aos pobres tipógrafos. Pelo menos quatro tipos diferentes foram usados no texto (um para cada coluna, outro para recuos, outro para boxes de textos citados), para não falar dos freqüentes itálicos, passagens em alemão, palavras no grego antigo e em latim e assim por diante. E, nessa impressão original, a esse não-livro tanta coisa foi agregada que tinha um volume de, precisamente, cem polegadas cúbicas. Suas páginas eram quadrados de dez polegadas por dez polegadas, e isso totalizava uma polegada em espessura. Reitero, *polegadas*. (O que os tipógrafos franceses, que trabalhavam em centímetros, disseram de tudo isso deve ter feito até Genet corar!)

Porém, uma vez que esse livro é levado ao consumo público, é legítimo questionar se significa alguma coisa. O celebrado método dialético de Hegel começa com uma tese, que depois gerou sua própria antítese e as duas se juntaram para formar uma síntese. Por exemplo: "A existência" gera sua antítese "nada" e as duas sintetizam-se em "devir". Todo sistema universal de Hegel é gerado dessa maneira. É possível ler em *Glas* essa dialética em uso. A coluna hegeliana da esquerda torna-se a tese: um exemplo de alta filosofia no seu ápice, a justificativa final de Hegel para o estado autoritário prussiano do século XIX. E não é difícil ler a antítese disso nas rapsódias de Genet em "un jeune garçon blond" (um rapaz loiro) e em "Divine aime Gabriel, surnommé l'Archange. Pour l'amener à l'amour elle mette un peu de son urine dans ce qu'elle lui donne à boire ou à manger" (a urina do arcanjo Gabriel sendo usada como uma poção do amor). A síntese, provavelmente, acontece em outro lugar, talvez na cabeça do leitor. Ou, como Derrida coloca tão notavelmente: "Sua interpretação requer toda a determinação hegeliana de direito em um lado e política no outro. Seu lugar na estrutura e no desenvolvimento do sistema ... é tal que os deslocamentos ou desimplicações de que será o objeto não poderiam ter um caráter simplesmente local."

Pode-se perdoar alguém por concluir que deve haver um limite para uma obra como essa. Uma vez que o "indecifrável... ilegível" foi produzido de uma forma ou de outra, seu propósito é, com certeza, satisfeito. Derrida não concordou. Apesar de estar voando constantemente através da Europa para proferir palestras, mantendo seu posto acadêmico em Paris e, simultaneamente, encarregado de tarefas acadêmicas em diversas universidades nos Estados Unidos, ele continuou a ser entorpecidamente prolífico. Até esse momento, sua produção de "textos" corria na casa das centenas — indo desde não-livros extensos até artigos desarticulados. O que muitos consideram ser seu principal trabalho seguinte apareceu em 1980. Foi intitulado *La carte postale de Socrates à Freud et au delà* ("Cartão-postal: de Sócrates a Freud e além"). O fato de Sócrates nunca ter enviado um cartão-postal para Freud ou para qualquer outra pessoa deriva de uma desconstrução trivial desse título, mas que é válida mesmo que se aceite, sem restrições, o método de Derrida, sem pensar se pode haver ali um significado oculto. Tendo tirado essa piada engraçada do caminho, podemos agora prosseguir com vigor para a piada mais séria do texto.

Ele começa com um ensaio sobre o "princípio postal". De acordo com Derrida, esse é de maior relevância que o princípio do prazer de Freud, por cobrir toda a história da metafísica ocidental "de Sócrates a Freud e além". Ao enviar um cartão-postal, ou qualquer mensagem, damos algo mas conservamos nós mesmos nesse ato de dar. Uma grande jogada foi feita com a relação entre o escritor (*desti-*

*nateur*) e o receptor (*destinataire*), e o fato de que essas palavras francesas contêm ligações com "destino" e "destinação". Ao escrever anteriormente sobre esse assunto, Derrida chegou à seguinte conclusão: "uma carta está sempre sujeita a não chegar à sua destinação ... a estrutura da carta [é] capaz, sempre, de não chegar." A maior parte da obra é dedicada a uma análise da psicanálise. A tentativa heróica de Freud de alçar a psicanálise ao status de uma ciência empírica é, perversamente, menosprezada como metafísica — apesar do fato de que isso era exatamente o que Freud tentava evitar. Mas, então, de acordo com Derrida, *qualquer* tentativa como essa de estabelecer a verdade é metafísica, invocando a "presença" que tem assombrado o pensamento ocidental. (O fato de que Freud, no final, fracassou em estabelecer a psicanálise como uma ciência empírica "exata", como é a física, é, assim, presumivelmente, louvável. Falhando ao libertá-la da metafísica, ele não teve êxito em baseá-la na metafísica.) No entanto, até no meio de tudo isso há alguns *insights* que valem a pena ser desemaranhados: "O que não é verdadeiro nem falso é realidade. Mas logo que o discurso é inaugurado, alguém está no registro do desvelamento da verdade assim como de seu título de propriedade: presença, discurso, testemunho." O discurso, que incorpora verdade e falsidade, descreve uma realidade que não incorpora tais entidades. A preocupação da filosofia com essa realidade (ou com os fundamentos de nosso relacionamento com ela) irá sempre colocá-la em um nível mais profundo que o da ciência. Em última análise, o conhecimento científico busca meramente descrever nosso encontro com essa realidade mais do que a própria realidade. Ele registra provas experimentais de nossos encontros e aí está a dificuldade com a análise de Derrida. A questão sobre o discurso é que ele envolve nosso *encontro* com essa realidade sem valor. Uma garrafa de arsênico não é em si verdadeira ou falsa. O rótulo "veneno" na garrafa, tampouco verdadeiro ou falso, descreve a realidade de um possível encontro mais do que a coisa em si. Essa é uma verdade científica, e não uma verdade absoluta. Pode ser verificada pela experiência, não pela referência a qualquer "presença" absoluta.

Em 1981, as viagens de Derrida o levaram a Praga, que estava então atrás da Cortina de Ferro. Derrida havia sido útil no estabelecimento da Associação Jan Huss (assim chamada em homenagem ao mártir tcheco do século XV que desafiou o poder da Igreja). O objetivo dessa associação era dar apoio aos intelectuais perseguidos na Tchecoslováquia pelo regime comunista. Com um considerável risco para si próprio e para seus ouvintes, Derrida ministrou um seminário de uma semana. Incluía uma dissertação intitulada "Before the Law" ("Perante a lei"), fazendo referência ao título de um conto de Kafka, que morou a maior parte de sua vida em Praga. O significado dessa conversa caracteristicamente obtusa era, no entanto, claro até para a polícia secreta, que via a segunda sílaba do desconstrucionismo de Derrida como supérflua. Derrida foi revistado e um pacote marrom de maconha foi "descoberto" em posse dele. Foi imediatamente trancafiado.

A França leva seus intelectuais muito a sério, inclusive quando outros se acham incapazes de fazer o mesmo. O que pode ter parecido para as autoridades tchecas um incidente menor envolvendo um presunçoso francês provocador foi visto de maneira bem diferente pela imprensa francesa. A herança nacional francesa estava em jogo e o próprio presidente François Mitterrand logo estava expressando seus sentimentos às autoridades tchecas, numa linguagem flagrantemente não-desconstruída. (Vinte anos antes, quando autoridades francesas tentaram prender Sartre por atividade política ilegal, o próprio de Gaulle interveio, informando-lhes: "Vocês não prendem Voltaire." Sartre, então, involuntariamente incorporou o seu existencialismo, que decretou: "O homem está condenado a ser livre.") Derrida foi rapidamente liberado pelas autoridades tchecas e retornou a Paris, tendo uma recepção de herói. No ano anterior, Sartre havia morrido, assim como Barthes. Três anos mais tarde Foucault morreria, deixando Derrida assumir o manto — que havia passado de Descartes, por Voltaire, até Sartre — de maior intelectual francês vivo.

Derrida sempre viu a desconstrução como uma ferramenta para ser usada contra o autoritarismo político e a injustiça. Ainda que a "política de desconstrução" parecesse resistir a qualquer manifesto explícito ou clara ação *construtiva*. De acordo com Derrida: "A desconstrução deveria buscar uma nova investigação de responsabilidade, questionando os códigos presentes na ética e na política." Isso poderia, é claro, levar a qualquer posição política. No entanto, apesar dessa postura intelectual em cima do muro, o próprio Derrida teria uma participação ativa, durante meados da década de 80, na campanha pela libertação de Nelson Mandela e pelo fim do *apartheid* na África do Sul.

De forma mais controversa e perigosa, também liderou uma campanha contra o racismo na França, um aspecto permanente da cena política local que recaía sobre a grande população de imigrantes vindos do norte da África. A despeito da feroz oposição, fez campanha em favor do direito de cidadania para os imigrantes. "O combate à xenofobia e ao racismo também se dá através desse direito de voto. Enquanto não for ganho, a injustiça reinará, a democracia será limitada e a réplica ao ataque do racismo continuará abstrata e impotente." O herdeiro do manto de Voltaire parece ter herdado a clareza de seu predecessor quanto à argumentação política.

As coisas foram um pouco diferentes com relação à política do feminismo. Se as oposições binárias do pensamento lógico ocidental — verdadeiro/falso, mente/corpo, positivo/negativo — devessem ser substituídas pela indecidibilidade, o que fica da polaridade masculino/feminino? As mulheres podem ter desejado ser tratadas como iguais (indecidibilidade), mas também insistiam em preservar suas identidades separadas (polaridade). A saída surgiu da enfatização da diferença no lugar da identidade. Como a polaridade lógica que ele reforçava, o patriarcado deveria ser desconstruído, mas isso não poderia ser aplicado ao feminismo propriamente dito. As feministas que buscavam a igualdade com os homens estavam, simplesmente, repetindo velhos erros. Esse feminismo "é a operação pela qual a mulher deseja ser como um homem, como um filósofo dogmático exigindo verdade, ciência e objetividade. O que quer dizer, com todas as ilusões masculinas." Derrida também se opõe ao que chama de "feminismo reativo", que é meramente "adaptativo e autolimitante". Por outro lado, o feminismo "ativo" assegura a diferença, tornando-a positiva. Muitas feministas têm visto isso como mera retórica, mas Derrida e o desconstrucionismo, por sua vez, têm uma forte defensora norte-americana na pessoa de Barbara Johnson (que conseguiu realizar a tarefa hercúlea de traduzir fielmente *La dissemination* para um inglês ilegível).

Em 1992, Derrida se viu no centro de uma controvérsia, na Inglaterra. Quando a Universidade de Cambridge lhe ofereceu um título de doutor *honoris causa*, sua candidatura foi rechaçada por alguns membros da faculdade — a primeira vez que tal coisa aconteceu. Seus oponentes não mediram palavras. A filosofia francesa era guiada por "um sistema de mandarins, gurus e modismos e não tinha os mesmos padrões de rigor e clareza" de sua contrapartida britânica. Realmente: "Os franceses excedem-se em termos fabricados de significado cambiante, o que torna impossível detectar em que ponto a especulação filosófica torna-se uma tagarelice incoerente." Apesar dessa explosão francofóbica, Derrida foi agraciado com o título de doutor *honoris causa*.

Derrida continuou com seu programa desconstrucionista. Prolífico como nunca, persistiu na inserção de grandes pensadores e escritores do passado em seu diálogo desconstrucionista. Sócrates, Platão, Descartes, Kant, Rousseau, Hegel, Nietzsche, Marx e Mallarmé, para citar alguns poucos, todos participaram (ou, mais corretamente, foram conduzidos à parte) desse processo de face única. Seus trabalhos são desconstruídos, traduzindo seus achados para códigos desconstrucionistas. Alguns breves exemplos serão suficientes, deixando o leitor livre para decidir por si só sobre a razão do exercício.

Psicologia freudiana: Derrida insiste que a mente consciente nunca está livre de "traços" da experiência na mente inconsciente. O eu que percebe, que se imagina no presente, está na verdade sempre sendo "escrito" pelos "traços" inconscientes do passado, que, por sua vez, está sempre sendo "escrito" por traços inconscientes do *seu* passado, e assim por diante. Isso significa que não existe tal coisa como uma pura percepção.

Nunca se esquivando das dificuldades, em 1991 Derrida decidiu abordar Marx, no mesmo momento em que o colapso do marxismo parecia ter sido definitivo. Em *Espectros de Marx*, ele compromete-se com o que chama de "*hauntologie*"*. É o estudo de

* O termo *hauntologie* foi traduzido por Anamaria Skinner como "obsidiologia", na edição brasileira de *Espectros de Marx: o Estado da dívida, o trabalho do luto e a nova Internacional*, de Derrida. (N.T.)

fantasmas, espíritos e aparições que assombram o espaço entre os opostos binários do ser e do não-ser, o vivo e o morto. Uma grande sacada é o fato de que sua palavra inventada *hauntologie*, em francês, em que o "h" é mudo nessa posição, soa como ontologia (*ontologie*)*. Esta última é a esfera da filosofia dedicada a pensar sobre o "ser", ou existência definitiva. A frase que abre o *Manifesto do partido comunista*, de Marx, é: "Um espectro assombra a Europa — o espectro do comunismo." Para Derrida, o marxismo não está vivo (como já se acreditou) nem morto (como hoje se acredita). Em vez dessa polaridade, ele é indecidível, um espectro. Derrida, então, chega à conclusão de que a desconstrução é, na verdade, uma forma mais radical de marxismo. Com isso, ele tem êxito na tarefa nada impossível de unir quase toda a gama de filósofos e pensadores políticos contemporâneos. Infelizmente, seu êxito foi o de uni-los contra si próprio. Digo "quase": com isso, quero dizer todos, exceto aqueles que aderem à cena intelectual parisiense, em que a conclusão de Derrida provoca, evidentemente, rivalidades ardorosas a favor e contra ela (inspirando bem o tipo de polaridade que o próprio Derrida decreta inválida).

---

* O verbo inglês *to haunt* significa, por sua vez, assombrar, como um fantasma. (N.T.)

Era, talvez, inevitável que Derrida, em algum ponto, desviasse o foco para James Joyce, cuja maestria no manejo verbal da mão é, no mínimo, exatamente, o oposto de Derrida. O uso da linguagem por Joyce é, ao mesmo tempo, legível e divertido, confere riqueza de significado ao que descreve (sem obliterar o significado, tampouco o objeto de sua descrição) e não sustenta uma política (anti)filosófica. "Existe um limite para as interpretações de Joyce?", pergunta Derrida. Não, conclui. Em seguida, parece contradizer isso ao explicar que Joyce englobou a possibilidade de todas as interpretações possíveis antes de nós. Curiosamente, Derrida decidiu atacar *Ulisses* mais do que *Finnegans Wake*, que poderia, mais facilmente, se prestar à questão da interpretação infinita sem um significado definitivo. Tal como é, até essa aberração de gênio tem sua corrente impressionista de significado sob uma tempestade de neologismos, jogos de palavras e solecismos solipsistas:

*"Three quarks for Muster Mark!*
*Sure he hasn't got much of a bark*
*And sure any he has it's all beside the mark."*

Bem antes de Derrida desconstruir Joyce, o cientista nuclear norte-americano Murray Gell-Mann lia

*Finnegans Wake* por prazer. Quando Gell-Mann descobriu uma nova espécie de partículas subatômicas, decidiu jocosamente nomeá-las "quarks", escolhendo a palavra da citação acima. Para o neologista literário Joyce, a palavra *quark* está aberta a uma grande variedade de jogos de palavras e divertidas interpretações. Para Derrida, ela poderia, sem dúvida, ser desconstruída até o ponto de perder todo o sentido. Para Gell-Mann, e agora para todo o mundo científico, é o nome preciso para uma espécie de partículas subatômicas que tem um *spin* , e a unidade de carga elétrica de + 2/3 ou - 1/3, que se combina para formar os *hadrons*, mas que não foi detectada em estado livre. Na parábola de interpretações acima, uma é o uso literário da linguagem, uma outra é o uso científico. O que a outra significa, se significa alguma coisa, cabe inteiramente a você decidir (como, é claro, Derrida concordaria).

# CITAÇÕES-CHAVE

. . . . . . . . . . . . .

Quando falo, estou consciente de estar presente por aquilo que penso, mas também de manter o mais próximo possível ao meu pensamento uma substância significante, um som sustentado pela minha respiração.

*Jacques Derrida*

Todas as tentativas de definir desconstrução tendem a ser falsas ... Uma das principais coisas na desconstrução é a delimitação da ontologia e, acima de tudo, da terceira pessoa do presente do indicativo: proposição da forma "S é P".

*Jacques Derrida*

Tão logo o "discurso presente" "preste testemunho" à "verdade dessa revelação", além do verdadeiro ou do falso, além do que está verossímil ou mentindo numa dada frase ou sintoma em sua relação com um conteúdo dado, os valores de adequação e desvelamento não mais têm que esperar por sua verificação ou realização a partir do exterior de algum objeto.

*Jacques Derrida*

A desconstrução de Derrida tenta mostrar que "a linguagem cotidiana não é neutra; ela carrega em si as pressuposições e suposições culturais de toda uma tradição ... Talvez esse elemento antipopulista e, todavia, antiplatônico ... seja a contribuição mais importante de Derrida."

*John Lechte*

Derrida está aludindo... àquela longa tradição na filosofia, de Platão a Heidegger, que procurou estabelecer os motivos e fundamentos para a razão propriamente dita ... Tais motivos podem vir a ser indisponíveis.

*Christopher Norris*

Pode ser no questionamento da razão propriamente dita — um questionamento, no entanto, paciente e meticulosamente argumentado — que a filosofia pode melhor viver de acordo com suas presentes responsabilidades.

*Christopher Norris*

Derrida foi considerado por alguns como "o filósofo mais importante do fim do século XX. Infelizmente, ninguém tinha certeza se o movimento intelectual que ele gerou — Desconstrução — fez a filosofia avançar ou se a matou."

*Jim Powell*

Os Estados Unidos são uma nação de imigrantes e, como tal, têm "uma multiplicidade de perspectivas de vida, linguagem e comportamento que uma França homogênea e esnobe, excluindo seus residentes argelinos, não possui. Derrida, um judeu argelino, teve sua própria política privada, que não é aplicável aos Estados Unidos."

*Camille Paglia*

Barthes está ecoando a crítica de Derrida da "simultancidade teológica do livro", a pressuposição metafísica de que a essência de um livro é uma rede simultânea de relações recíprocas e, com isso, de que as dimensões de temporalidade e volume são puramente contingentes.

*Michael Moriarty*

A desconstrução é uma teoria que parece prestar-se, prontamente, à ofuscação balbuciante.

*Peter Lennon*

# CRONOLOGIA DE DATAS SIGNIFICATIVAS DA FILOSOFIA

. . . . . . . . . . . .

| | |
|---|---|
| *séc. VI a.C.* | Início da filosofia ocidental com Tales de Mileto. |
| *fim do séc. VI a.C.* | Morte de Pitágoras. |
| *399 a.C.* | Sócrates condenado à morte em Atenas. |
| *c.387 a.C.* | Platão funda a Academia de Atenas, a primeira universidade. |
| *335 a.C.* | Aristóteles funda o Liceu em Atenas, escola rival da Academia. |
| *324 d.C.* | O imperador Constantino muda a capital do Império Romano para Bizâncio. |
| *400 d.C.* | Santo Agostinho escreve as *Confissões*. A filosofia é absorvida pela teologia cristã. |
| *410 d.C.* | O saque de Roma pelos visigodos anuncia o advento da Idade das Trevas. |

| | |
|---|---|
| *529 d.C.* | O fechamento da Academia em Atenas, pelo Imperador Justiniano, marca o fim do pensamento helenista. |
| *meados do séc.XIII* | Tomás de Aquino escreve seus comentários sobre Aristóteles. Era da escolástica. |
| *1453* | Queda de Bizâncio para os turcos, fim do Império Bizantino. |
| *1492* | Colombo chega à América. Renascimento em Florença e renovação do interesse pela aprendizagem do grego. |
| *1543* | Copérnico publica *De revolutionibus orbium caelestium* (*Sobre as revoluções dos orbes celestes*), provando matematicamente que a Terra gira em torno do Sol. |
| *1633* | Galileu é forçado pela Igreja a abjurar a teoria heliocêntrica do Universo. |
| *1641* | Descartes publica as *Meditações*, início da filosofia moderna. |
| *1677* | A morte de Spinoza permite a publicação da *Ética*. |
| *1687* | Newton publica os *Principia*, introduzindo o conceito de gravidade. |
| *1689* | Locke publica o *Ensaio sobre o entendimento humano*. Início do empirismo. |

| | |
|---|---|
| *1710* | Berkeley publica os *Princípios do conhecimento humano*, levando o empirismo a novos extremos. |
| *1716* | Morte de Leibniz. |
| *1739-40* | Hume publica o *Tratado sobre a natureza humana*, conduzindo o empirismo a seus limites lógicos. |
| *1781* | Kant, despertado de seu "sono dogmático" por Hume, publica a *Crítica da razão pura*. Início da grande era da metafísica alemã. |
| *1807* | Hegel publica *A fenomenologia do espírito*: apogeu da metafísica alemã. |
| *1818* | Schopenhauer publica *O mundo como vontade e representação*, introduzindo a filosofia indiana na metafísica alemã. |
| *1889* | Nietzsche, após declarar que "Deus está morto", sucumbe à loucura em Turim. |
| *1921* | Wittgenstein publica o *Tractatus logico-philosophicus*, advogando a "solução final" para os problemas da filosofia. |
| *década de 1920* | O Círculo de Viena apresenta o positivismo lógico. |

*1927* Heidegger publica *Sein und Zeit* (*Ser e tempo*), anunciando a ruptura entre a filosofia analítica e a continental.

*1943* Sartre publica *L'être et le néant* (*O ser e o nada*), avançando no pensamento de Heidegger e instigando o existencialismo.

*1953* Publicação póstuma de *Investigações filosóficas*, de Wittgenstein. Auge da análise lingüística.

# CRONOLOGIA DA VIDA E DA ÉPOCA DE DERRIDA

. . . . . . . . . . . .

*1930* Nasce em um subúrbio de Argel.

*1940* A Argélia torna-se parte do Império Nazista.

*1942* Camus publica *O estrangeiro* e *O mito de Sísifo*. Depois da introdução de leis raciais e cotas para judeus nas escolas, Derrida é expulso. Na maior parte do tempo, cabula as aulas em um liceu judeu não-oficial.

*1943* Sartre publica *L'être et le néant* (*O ser e o nada*), introduzindo o pensamento de Heidegger e o existencialismo na França.

*1950* Derrida vai para Paris para se preparar para ingressar na École Normale Supérieure.

*1951* Ruptura entre Sartre e Camus por causa do comunismo.

*1952* Derrida passa no exame para a École Normale Supérieure.

*1956* Ganha uma bolsa de estudos de um ano em Harvard.

*1957* Casa com Marguerite Aucoutourier.

*1957-59* Serviço militar na Argélia: serve como professor em uma escola para filhos de militares.

*1960* Sofre uma grave crise de depressão.

*1960-64* Leciona na Sorbonne.

*1962* O fim da Guerra da Argélia resulta na independência da Argélia. Começo da *nostalgérie* de Derrida. Escreve a primeira obra importante: longa Introdução a sua tradução da *Origem da geometria*, de Husserl.

*1963* Nascimento do primeiro filho, Pierre.

*1965* Obtém o cargo de professor de história da filosofia na École Normale Supérieure.

*1967* Publicação de três obras seminais expressando suas idéias: *A voz e o fenômeno* (Jorge Zahar, 1994), *A escritura e a diferença* e *Gramatologia*.

| | |
|---|---|
| *1968* | "Les Événements" em Paris: em maio, estudantes se revoltam e tomam a margem esquerda do Sena; o presidente de Gaulle foge, às escondidas, para a Alemanha. |
| *1972* | Assume o posto de professor em tempo parcial na Johns Hopkins University. A partir de então divide suas aulas entre Paris e os Estados Unidos. |
| *1974* | Publicação de *Glas*. |
| *1980* | Publicação de *La carte postale de Socrates à Freud et au delà*. |
| *1981* | Preso pelas autoridades comunistas, em Praga, sob a acusação forjada de porte de maconha. |
| *1984* | Morte de Foucault. |
| *1987* | Professor visitante na Universidade da Califórnia, Irvine. |
| *1992* | Polêmica na Universidade de Cambridge, Inglaterra, antes de ser homenageado como doutor honorário. |

# LEITURA SUGERIDA

. . . . . . . . . . . .

BENNINGTON, Geoffrey. *Jacques Derrida*; trad. Anamaria Skinner. Rio de Janeiro: Jorge Zahar, 1996.

CHAMPAGNE, Roland A. *Jacques Derrida*; s.l.: Twayne, 1995.

DERRIDA, Jacques. *Gramatologia*; trad. Mirian Schnaiderman e Renato Janine Ribeiro. São Paulo: Perspectiva/Edusp, 1973.

______. *La carte postale de Socrates à Freud et au delà*. Paris: Flammarion, 1980.

______. *A voz e o fenômeno*. Rio de Janeiro: Jorge Zahar, 1994.

PAGLIA, Camille. *Sex, Art and American Culture: Essays*. s.l.: Vintage Books, 1992.

WOLFREYS, Julian (org.). *The Derrida Reader*. s.l.: University of Nebraska Press, 1998.

# ÍNDICE REMISSIVO

CIENTISTAS
*em 90 minutos*

. . . . . . . . .

*por Paul Strathern*

Arquimedes e a alavanca em 90 minutos
Bohr e a teoria quântica em 90 minutos
Crick, Watson e o DNA em 90 minutos
Curie e a radioatividade em 90 minutos
Darwin e a evolução em 90 minutos
Einstein e a relatividade em 90 minutos
Galileu e o sistema solar em 90 minutos
Hawking e os buracos negros em 90 minutos
Newton e a gravidade em 90 minutos
Oppenheimer e a bomba atômica em 90 minutos
Pitágoras e seu teorema em 90 minutos
Turing e o computador em 90 minutos

Este livro foi composto pela
TopTextos Edições Gráficas,
em Agaramond e Litograph,
e impresso por Cromosete
Gráfica e Editora.